Molly and the Mermaids

Molly e as Sereias

Bilingual
ENGLISH/PORTUGUES
edition

Molly, a vaca marinha, quer ir de férias.

Molly the sea cow wants to go on holiday.

*

Ela pergunta ao seu amigo Rufus, a arraia, se ele quer ir com ela. - Claro, - diz ele.

She asks her friend Rufus, the stingray, if he wants to come with her. "Sure," he says.

*

O Rufus está a brincar com alguns cavalos-marinhos.

Rufus is just playing with some sea horses.

Durante um longo período de tempo, eles nadam pelo oceano. De repente, encontram uma pequena sereia com um vestido vermelho com pontos brancos.

For a long time, they swim through the ocean. Suddenly, they meet a little mermaid in a red dress with white dots.

*

– Olá, pequena sereia. Como te chamas? – Pergunta Rufus.

"Hello, little mermaid. What's your name," asks Rufus.

– Chamo-me Paula, – diz a pequena sereia.

"My name is Paula," the little mermaid says.

*

– Vivo numa maravilhosa árvore de coral.
Querem vê-la?

"I live at a wonderful coral tree.
Do you want to see it?"

*

– Claro, – dizem Molly e Rufus.
De seguida, seguem a Paula até à árvore de coral. Esta é realmente bonita.

"Sure," Molly and Rufus say.
Then they follow Paula to the coral tree.
That is really beautiful.

– Esta é a minha mãe, – diz a Paula.
Ela aponta para uma sereia com um vestido verde com pontos brancos.

"This is my mom," says Paula. She points to a mermaid in a green dress with white dots.

*

– A senhora de cabelo grisalho é a tia Henriette. A rapariga com o vestido roxo é a minha irmã, a Nelly.

"The lady with the grey hair is Aunt Henriette. The girl in the purple dress is my sister Nelly."

– Bem-vindos à árvore de coral,
– clamam as sereias.

"Welcome to the coral tree," the mermaids cry.

*

Depois disso, Rufus faz uma sesta e Molly nada sobre os corais ao lado da árvore coral.

After that Rufus takes a nap, and Molly swims over the corals beside the coral tree.

*

– Isto faz-me cócegas tão agradáveis na barriga,
– clama Molly.

"That tickles so nicely on my tummy," Molly cries.

De seguida, a Molly descobre uma flor. É a flor mais bonita que a Molly alguma vez viu.

Then Molly discovers a flower.
It is the most beautiful flower Molly has ever seen.

*

- É uma Flor Mágica, - diz Paula.

"That is a Magic Flower," Paula says.

*

- Ela só cresce aqui. É o motivo pelo qual o recife de coral é tão colorido.

"It only grows here.
It is the reason why the coral reef is so colorful."

Mas o que é isso?
Um enxame de peixes-espada aparece de repente.

But what is that?
A swarm of swordfish suddenly appears.

*

- Eles estão a atacar-nos! - Grita Paula.
- Cuidado! A nossa Flor Mágica! - avisa a mãe de Paula.

"They attack us!" Paula shouts.
"Look out! Our Magic Flower!" Paula´s mom warns.

*

- Temos de protegê-la, - diz a tia Henriette.

"We have to protect it,"
says Aunt Henriette.

Um polvo gigante aparece.
Os peixes-espada afastam a Molly e as sereias da árvore de coral.

A giant octopus appears.
The swordfish chase Molly and the mermaids away fom the coral tree.

*

O polvo está a roubar a Flor Mágica!

The octopus is stealing the Magic Flower!

*

Onde raio está o Rufus? AJUDA!

Where on earth is Rufus? HELP!

Alguns instantes depois, o polvo desaparece com os peixes-espada.

Only a moment later, the octopus vanishes with the swordfish.

*

De repente, começa a cheirar mal. O que é isto?

Suddenly, it begins to stink. What is that?

*

Depois aparece o Rufus.

Then Rufus appears.

Nas suas costas tem um peixe malcheiroso.

On his back sits a stinky fish.

*

Rufus não reparou em nada porque estava a dormir. – E enquanto eu estava a dormir, este peixe chamado Stinky sentou-se nas minhas costas, – diz ele.

Rufus did not notice anything because he was sleeping. “And while I was sleeping, this fish named Stinky sat down on my back,” he says.

*

– Como é que vamos recuperar a nossa Flor Mágica? – Pergunta Nelly tristemente.

“How shall we get back our Magic Flower?” Nelly asks sadly.

– Precisamos de um plano, – diz Molly.

"We need a plan," says Molly.

*

– Vamos seguir o cheiro do polvo, – diz Paula.
– Nós, sereias, temos bons narizes!

"We'll follow the scent of the octopus," says Paula.
"We mermaics have good noses!"

Assim, seguem o cheiro do polvo até um velho vulcão.

So they follow the scent of the octopus to an old volcano.

*

Dentro do vulcão, observam o polvo com os seus amigos, os peixes-espada.

Inside the volcano, they watch the giant octopus with his friends the swordfish.

*

O que estarão a planear com a Flor Mágica?

What are they planning with the Magic Flower?

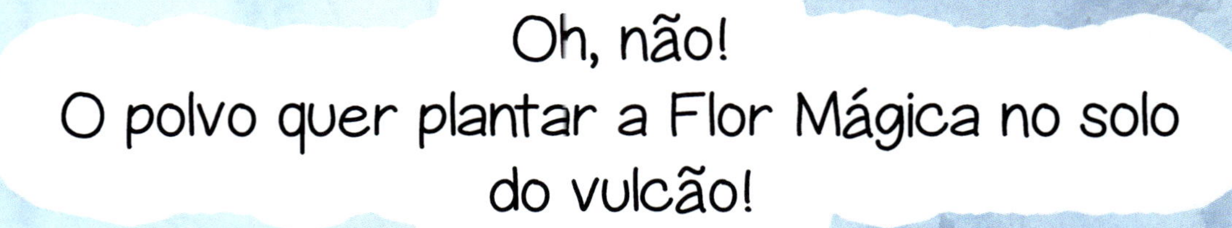

Oh, não!
O polvo quer plantar a Flor Mágica no solo do vulcão!

Oh no!
The octopus wants to plant the Magic Flower into the soil of the volcano!

-Devíamos disfarçar-nos e assustá-los, - sugere Molly. - Peguem numa rede de peixe velha e ponham-na sobre as vossas cabeças.

"We should dress up and scare them," Molly suggests. "Take an old fish net and put it over your heads."

*

As sereias saltam sobre a cratera do vulcão.

The mermaids jump over the crater of the volcano.

*

- Socorro, fantasmas! - grita o polvo e foge com os seus peixes-espada.

"Help, ghosts!" cries the octopus and escapes with his swordfish.

A Flor Mágica é salva.
Está de volta à árvore de coral. As sereias estão muito agradecidas e dão uma grande festa. E Molly e Rufus são convidados a ficar e a celebrar.

The Magic Flower is saved.
It is back at the coral tree. The mermaids are very thankful, and they have a big party. And Molly and Rufus are invited to stay and celebrate.

*

Que companhia maravilhosa!

What a wonderful company!

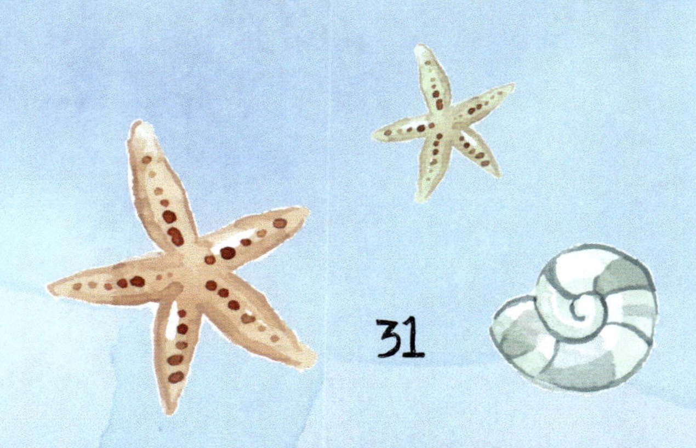

Other Books by Ingo Blum

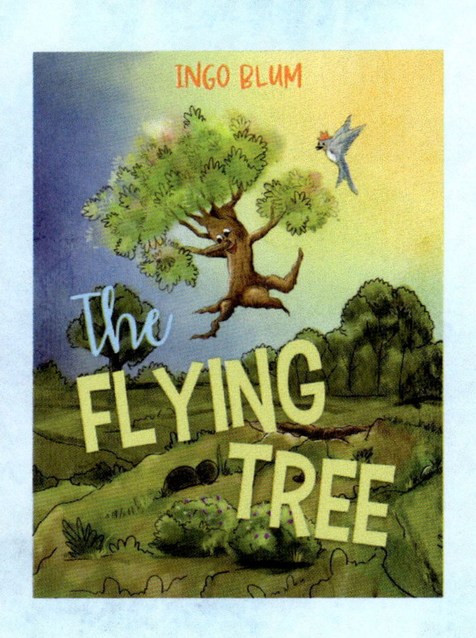

ISBN 978-3-947410-07-1

When a magic swallow helps a young tree to drag out his roots and fly, he finds himself up in the sky, looking down to the earth. What will he find, what will he see? And finally - Will he fly back home where he belongs?
A vivid story about the importance of home and the place we love the most. For all children ages 3-7. With EXTRA pages to color

Published by planetOh concepts, Cologne, Germany.

Cover and chapter illustrations by Buffy Biddle
Translation and proofread by Tiago Gomes
Cover and interior design by Bea Balint, Emy Farella
First edition 2021 - ISBN 979-8-598842-87-4

Printed in Great Britain
by Amazon